服部剛

詩集

ダウン症をもつ周とともに

我が家に天使がやってきた

文治堂書店

我が家に天使がやってきた

自序＊目次

自序　――周・一歳の誕生日に書いた日記――

パパは今、結婚して最初にママと食事をした「夢庵」という店で、この手紙を書いている。今日で、君がこの世に産声を上げてから一年になる。その日のことは、生涯忘れないだろう。ママは君の命を守る為、予定日より一カ月以上早く、帝王切開で君を産む決意をした。新たな職場で働き始めていたパパは午後三時頃に早退して、全てを天に委ねる思いで病院へと歩いた。

病室で、パパは胸を高鳴らせて歓びの知らせを待った。静まり返った部屋で十五分ほど経った頃、ノックする音が部屋に響き、ドアが開いた。「おめでとうございます！　無事産まれました。男の子です」と、看護師さんは笑顔で知らせた。再び、沈黙が部屋を支配した。次の瞬間、ママが緊急入院してから募っていた心配と安堵が理屈にならない感情の渦となってパパに押し寄せ、全身を震わせながら、気づくと両目にはいっぱいの涙が溢れていた。「よかった…　ありがとうございます」と、なんとか伝えると、看護師さんは「奥様も生まれてまもない赤ちゃんに手をふれた時、感極まって泣いていましたよ」と教えてくれた。

――周よ、君がこの世に生まれた時、パパとママの溢れる涙から君の人生が始まったことをいつまでも覚えていてほしい。

その後、早産の為、ＮＩＣＵ（新生児特定集中治療室）にいた君に毎日会いに行くようになって三週間が経ち、医師はパパとママに、普通より一本多い君の染色体の写真を見せた。その夜、ママは泣き崩れた。パパは「大丈夫、大丈夫…」と繰り返して肩を抱きしめた。その時ママは愛する君を、心の底から心配して涙を流したのだろう。

翌朝、恩師に電話をした。「その一本多い染色体に天の願いが込められています」という言葉を聞いた時、パパは天に向かって（ありのままの周を確かに、この両手に受け取りました）と、心の中で叫んだ。これからの君にどのような障害が出るか否か、わからないが、それ以上にパパには「周は、いける」という、深い直観がある。

周よ、パパが敬愛する作家の遠藤周作先生への想いからつけた君の名は（恵みを人々に周《あまね》く）という願いが込められている。君がこの世に生まれてからの一年で、どれほど多くの人々が君に温かいまなざしを贈ったことだろう。そして、君の誰にも真似できない天使の笑顔は、どれほどパパとママを――哀しんでいる人の心さえも、癒してくれたことだろう。

先日パパは、ママが結婚する前にプレゼントしてくれたマザー・テレサの本を開いたら、その頁の『Great Gift』という言葉が目に入った。周よ、君はパパとママにとってまぎれもない天からの賜物であり、その一言を見た時、パパは確信したんだ。「人生は素晴らしい」と言ってからこの世を去ったチャップリンの言葉をパパとママとこれから実現する為に、周がこの世にやってきた、ということを。

（平成二十四年　夏）

目次

Ⅰ

坂の上にて……10
風呂屋・湯快爽快にて……12
天の賜物……16
周ちゃんの涙……18
希望の日……20
僕等の道……21
希望の階段……24
宝もの……26
鈴虫の唄……28
小さい靴　―入園の日に―……30
天使の声……32
朝の日記……34
絵日記……36

秋の運動会……37
なめくじ親父……40
朗読会……42
もみじの手……44

Ⅱ

小さな太陽……48
色鉛筆……49
夢の署名……50
盃の音……53
旅の列車にて……56
老師の祈り……58
旅　人……60
パスカルの時計……62
死者の息……64

葡萄酒の晩餐　66
日々ノ契約　68
顕現の人　71
少年の靴　74
夏の夢　76
糸　78
夕暮れの丘　80
雪掻き　82
四つ葉のクローバー　84
あとがき　86
谷川俊太郎氏からの手紙　88

表紙・装幀　船木　一美

I

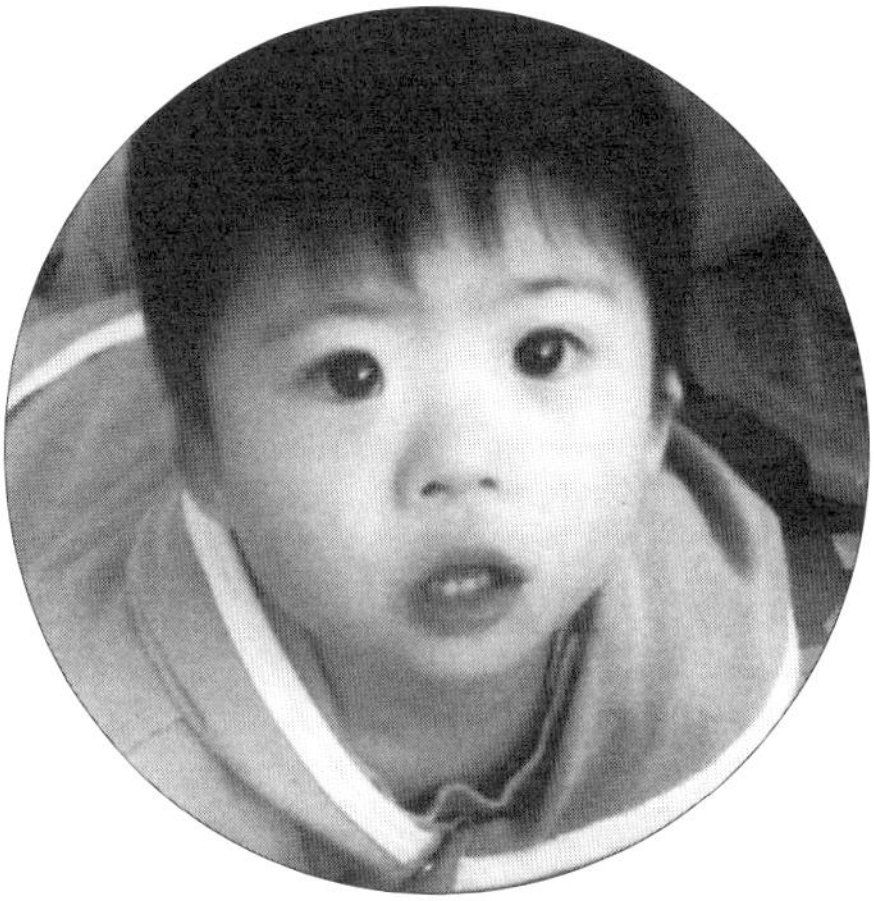

坂の上にて

「人生には、真逆《まさか》という名の坂がある」
ある日、同僚は言った

愛する女《ひと》と結ばれた僕は
三十年住んだ実家を出て
十二年詩を朗読していた店が閉まり
十年働いた職場から異動になった

「真逆という名の坂」を
登り切って断崖に立ったら
目の前には

ましろい空間が広がり
隣に、腹の大きい嫁さんが
にこりと微笑んでいた

足元に置かれていたのは
一本のペンと空白の日記帳

風呂屋・湯快爽快にて

今日も仕事の後は病院に寄り
タオルに包《くる》まれた
お人形さんみたいにちっこい君を
退院前の嫁さんと
毎日見舞いに来る僕で
交互にだっこした

時間外の出口で嫁さんに手をふって
車を走らせ実家の鎌倉に行き
仏壇の蝋燭《ろうそく》に火を灯し
遺影の祖母に（ありがとう）と
両手をあわせる

久しぶりに親父と語らい
母ちゃんの手料理をほおばった後
国道1号線を走りながら
ふたたび義父のいる戸塚の家へ
周ちゃんのちっこい寝顔を思い出し

（人生捨てたもんじゃない…）

じーんと幸せを噛みしめていたら
たまには自分に褒美をやりたくなり
道を曲がって「湯快爽快」の温泉へと
アクセルを踏みこんだ

露天風呂に身を沈め、湯につかる
肌つるつるの若者や
頭つるつるの爺ちゃんに目を細める

（最初は皆ちっこい赤ちゃんだったのか…）

風呂場に湯気が湧き立てば
老いも若きも赤ちゃんに視えてきて
地球上の全人類が赤ちゃんに視えてきて
全ての赤ちゃん達がすったもんだしながら
廻り続ける青い地球というものが
くだらなくも不思議と愛しい
いのちの惑星《ほし》に視えてくる

頭にタオルを乗せて
身も心も温めながら、心の中で呟いた

（僕もようやく、親父になった…）

僕は今日、タオルに包まれた
お人形さんみたいにちっこい君を
嫁さんから手渡され、胸に抱いた

ひと時、目を開いて、少し声を出して
君は笑った

無垢に澄んだ君の瞳と
互いの瞳をあわせる時
僕等の周囲は、天になる

天の賜物

小児科の医師は
私達の前で
紙を引っくり返し
周の染色体の写真を見せた
「正常よりも一本多いです」
二人で溢れる涙を流した
翌朝
僕は恩師に電話をした
「その一本の染色体に
天の息吹がこもっています」

「これから僕と嫁さんで
　周が授かった賜物を探します」

携帯電話のスイッチを押した後
周の命そのものを信じよう…という
今迄とは何か違う
不思議な歓びが胸の内に広がった

周ちゃんの涙

周がダウン症と知った日
これまで以上に
僕等はまなざしを注いで
ママは哺乳瓶からお乳をあげた

我が子を愛しそうに抱く姿が
母子像に見え
後ろから見守る僕は胸に誓う
（生まれて良かった…と思う日が
必ず来るように、あなた達を守る）

ママの胸に抱かれた周は

何処か遠い国からやってきた
天使の顔で眠り始める

小さいまぶたに
星がひと粒、きらりと光り
ママはそうっと指で
天使の濡れた頬を拭った

希望の日

区役所の駐車場で
隣の小学校のグランドから
夏空へ響き渡る子供等の歓声
周ちゃんの出生届を、出した日

僕等の道

ダウン症と知った翌朝
これからのことを考えようと
僕は近所の林へ歩いていった

林の中に入り、ふと見下ろせば
不恰好ないも虫さんは
にょっきり土の上を
這っていた

周よ
いも虫さんが自分らしく生きるように
お前はお前のペースで、ゆっくり歩め

林の中を進んで、ふと見上げれば
枝に留まった蝉さんが
つくつくほうし、つくつくほうしと
鳴いている

周よ
蝉さんが全身で自らを奏でるように
お前はお前らしい声で、自らを歌え

予定日より早く生まれた
小さなお前が退院したら
パパもママもいつもそばにいるのだから
どんな天気の日にも
僕等の道を一緒に歩み
僕等の歌を一緒に歌おう

林の中を更に歩むと木々の間から
新たな日射しが、道を照らした

希望の階段

職場の老人ホームの風呂から上がる
お爺さんに両腕をつかんでもらい
大きい湯舟の階段を
一・二・一・二！　とかけ声で
一段ずつ、上る

ハンディを負った周が
やがて二本の足で立ったなら
親父と息子の二人三脚で
一・二・一・二！　とかけ声で
日々の暮らしの階段を、上ってゆく

今日という日の階段を

歓びの歩調で一段ずつ、上ってゆけば
いつか——振り返る足もとに
長い長い階段が見え
予想だにしない絵画のような風景が
僕等の目の前に広がるだろう

宝もの

染色体が一本多い周が
生まれて半年が過ぎた
ある夜の夫婦の会話で
まだ、りゅういん、が落ちないと妻は言う

りゅういん、が体の何処に
ぶらさがっているものか知らないが
りゅういん、を無理に
削《そ》ぎ落とすのではなく
りゅういん、に
この手をそっと当て
不思議な色に変わるのを、僕は見たい

悩める妻よ
周の可愛い可愛い寝顔をみつめる時
僕等を両親として
何処か遠い国から会いに来た周が
すやすや寝ている夢の中に、視えるのだ
世界にたった一人である周の
いのちの輝きそのものが

鈴虫の唄

布団をはいだ周が
風邪をひくといけないので
涼しい風の吹く窓を
いつもより、半分閉めて
そっと布団をかけなおす

独り身の頃は
ソファにごろんと横たわり
窓を開け放ったまま
秋風を浴びていただろう

子供を持ってから
自らの都合を昔より、削り

すやすや夢を見る
小さないのちの塊《かたまり》に
沈黙をそそぐ
親のまなざしに気づく

周が生まれて初めての秋の夜
いつしか釣瓶《つるべ》のように夕陽は落ちて
とっぷり暮れた窓のすき間に響く
鈴虫の音に
この胸の琴線が…震えている

小さい靴　―入園の日に―

「かわいい」
保育園の部屋に初めて入った周を
年長の女の子が、迎えてくれた

「じゃあね」
僕と妻はにこやかに手をふり
若い保育士さんに抱っこされ

きょとん、とする周をあずけて
玄関にいき、靴を履く

二年間の必死の育児から
ようやくひと息ついた妻が

ふり返った目線の先の、下駄箱に
ま新しい〝しゅう〟のシールは貼られ

先日、ダウン症の子をもつ
お母さんから贈られた
お古の小さい皮靴が、ふたつ
今日の門出を祝福するように
あたたかい日射しに照らされていた

天使の声

帰りの電車に揺られながら、頁を開いた
一冊の本の中にいるドストエフスキーさんが
（人生は絶望だ…）と語ったところで
僕はぱたんと本を閉じて、目を瞑る

物語に描かれた
貧しい父と幼子をおぶった母は
一枚の絵画のように
坂道を夕焼け空へと上りゆく

（日々は希望か絶望か？）と僕は問い、耳を澄ませば
母の背からふり返り（キボウ）という幼子の声に
心の中がぱっと明るくなったところで、目は開き

ドストエフスキーさんをそっと鞄にしまった

いつもの夜道を歩いて
「ただいま」とドアを開く
「おかえり」という妻に抱かれた
周がふりむきけたけた笑い、僕の目を見る

朝の日記

三才になる周が
初めて言葉を発した
「それ」
僕は身を乗り出して、聴き直す
「え、なに？」

目が覚めた――（なんだ、夢か…）
布団からひょっこり顔を出して
周はまだ、寝息を立てている

もう少しで周は
布団からむっくり身を起こし
小さい両手で、のびをする時間だ

（いつになったら喋るのやら）
ふだんは妻にも、口にしない
その言葉に蓋をして
心の中で言い直す
（彼には彼の道がある）

布団からひょっこり出る
ぬいぐるみのような周の寝顔を
じぃ…とみつめる、朝のひと時

待つ――という秘儀を想いつつ
今日の出勤の為にのびをする、僕は
窓越しに
朝のひかりを浴びて
布団から立ち上がる

絵日記

夜、自分の部屋に入り
スタンドの灯をともし
広げた日記のスクリーンに
「今日一日」を映す

いちめんの白紙から
日中の妻の声が聴こえてくる
「周はパパが好きなのねぇ」

白紙に滲んでくる…一枚の絵から
よつんばいをする周が
振り返ってにこり、僕の目をみる

秋の運動会

万国旗は青い風に
はたはた…揺れ
園児等が駆け回り、賑わう
秋の運動会

四才になっても
まだ歩かない周と、並んで坐る
パパの胸中を過《よ》ぎる、問い
——僕等はあわれまれる、家族であるか?
『親子で一緒に徒競走』の種目となり
白線の前に並んだが

いざ、スタートの時間には
すやすや周は夢を見て
ぶらーんぶらーんと人形みたいに
ぶら下げながら、パパはおどけて走るのだ

眠り続ける周を、妻の腕《かいな》にあずけ
「綱引きに参加してください」のアナウンスに
腕を捲《まく》ったパパは先頭に立ち
よいしょ、よいしょ！　で勝つと
見知らぬ周囲のパパ達と、ハイタッチ

額の汗を…拭いつつ
ママに抱かれた周のもとへ
まっすぐ戻るパパに気づいて

目覚めた周が

すろーもーしょんで
笑顔を開いた

なめくじ親父

塩を振られたなめくじは
縮みあがった僕なのです
縮みあがった僕だけど
今は一児の父なのです

一児の父であるならば
縮みあがった、この体
自分らしくのそぉりと
濡れた体をてからせて

体をのばす、歓びを

体くねらす苦しみを
親父のほこりというものを
示してやらねばなりませぬ
可愛《かわゆ》い可愛《かわゆ》い、僕の児《こ》が
後から笑って這ってくる

朗読会

出先の喫茶店で「童心」がお題の
コラムを書いてから、自宅の妻に電話する
――じゃあ、今から読むよ
――周ちゃんに聞かせるから、ちょっと待って

妻が携帯電話の音量をあげてから
できたてほやほやのコラムを朗読するや否や
受話器越しに、鈴鳴りの笑い声が転がった

五才の周ちゃんは
あーとかうーとか言うけれど
〈何か〉が伝わっているらしい

詩人という少々変わったパパではあるが
時折、朗読なんぞで伝授しようと思うのだ

言葉の裏にあるものを

もみじの手

仕事を辞めてから
周ちゃんと過ごす時間が増えた
絵本を読んでも

あーうー

歌を歌っても

あーうー

だが時折、大きな黒目をぴくりとさせて
第六感で〈何か〉を感じているらしい

開き直ったパパは
がんがんろっくんろーるのCDを流し
小さな両手をつないでDance Dance ♪♪
パパの大きな手の平から
楽しい波動は…伝わり
けたけたけたけた周ちゃんの喉から
鈴の笑いは鳴り出《い》だす

十分、二十分、と踊るうちに
少々疲れた周ちゃんは
くにゃりと坐り
パパに凭れ
微かな鼾《いびき》を始める

仕事が忙しすぎた頃はあり得なかった
小さないのちの体重を

あずけて
もみじの手をぴたり
パパのあぐらの足にのせた

II

小さな太陽

先日、職業というものを
脱いだ僕は
これから日々遍在する
小さな太陽になろう

――〈今・ここ〉に日溜り、在り

本当は誰もが
小さな太陽を宿すという
昔々のヒトの記憶を
互いの瞳の内に、交信するように

色鉛筆

鉛筆の芯を、削る
何処までも鋭く、削る
（誰かを傷つけるのではなく）
褪《あ》せた現実に、風穴を空ける為に

夢の署名

戦中・戦後を生き抜いた
ある詩人が世を去った後
長い足跡のつらなりと
ひとすじの道の傍らに
彼が種を蒔いていった花々が開き始める

今迄の僕は
別の場所で夢を求めていたが
世を去った詩人の魂に出逢ってから
いつのまにか
野の花の微笑む道に立っており
前方の遥かな霞に向かって
何処までもまっすぐ道は伸びていた

新たな夢が生まれた日
何処からか
世を去った詩人の声が聞こえる
——青年よ、詩心を胸に旅に出よ
——はい、いきます

その一言だけを
虚空の天に告げて
僕は只
目の前に敷かれてゆく唯一の道を
無心に歩んでいけばいい

白紙に描いた夢の設計図を
懐に入れて

道の傍らに咲く野の花々が
僕に呼びかける方へ

盃の音

あなたのお母さんと
歌に生涯を捧げたあなたの思い出を
初めて語り合った日の夜

生前に来たという
故郷の町にある
蕎麦屋の座敷にて
向かいの空席に
あなたの好きな冷酒を注いだ
透明のお猪口《ちょこ》を置いて

互いの盃を交わす音が響いた時
体の透きとおる

あなたの瞳の光が、視えた
——友よ、今宵は腹を割り
　互いの夢を語らおう
——仮退院で過ごした最期の日々
　夕暮れの散歩でからだに風を受け
　生きるって素晴らしい…と思ったの

僕はこれから
日々の場面をじっと透視する者となり
風の姿で唄うあなたの思いを、あらわそう

＊

瞳を閉じれば、あの日
観客席の暗闇で、息をのみ
無数の人が待つ方へ

自らの鼓動と重なる靴の音《ね》が響く
細い通路の空間に
あの舞台が見えてくる

旅の列車にて

平日の空いた車内に腰かけて
「記憶のつくり方」という本を開いたら
詩人の長田弘さんが見知らぬ町を旅していた

喫茶店に腰を下ろした詩人は
ふぅ…と溜息をひとつ、吐き出し
哀しい歴史を帯びたルクセンブルクの
素朴な珈琲カップの柄を愛《め》でながら
ずずっ…と啜《すす》る

列車の中で読書をして
すっかり旅人気分の僕は
昨日の喫茶店で啜った

珈琲の苦みを、味わっていたろうか

急ぎすぎてはいないか？
深呼吸はしているか？
瞳は曇ってないか？

そんな内面への問いに、耳を澄ましていたら
車内に一瞬――夕陽が射した

老師の祈り

焙じ茶を飲む、向かいの空席
ふいに　誰か　の気配があり

在りし日の老師は
日々　南無アッバ　を唱和した

目には見えない　誰か　とは
——もしかしたら、お釈迦様？
——もしかしたら、イエスさま？
——あるいはもしや、親しき死者？

老師が天に昇った、あの日から
南無アッバ　を唱えれば

風は吹き
涙の夜の傍らに、つき添う　誰か
ここぞの機会の到来に、背を押す　誰か

姿も無いのに
何故かふつふつ…想いのほとばしる
（アッバの世界）の領域に
僕は自らの存在をまるごと――投じます

この人生という、仮の宿にて
天の想いをそっと開く
一輪のすみれの花になるように

旅人

遠藤周作の「イエスの生涯」を読み終え
僕は本をぱたん、と閉じた
(密かな息が頬にふれ)

本の中で十字架にかけられ
頭《こうべ》を垂らし、息絶えたひとの想いは
肉体《からだ》を脱いだ風となり
二千年の時を越え
遠い異国で本を手にする僕の前に…

——世に消えないものは何だろう?

死ぬのが恐くて逃げた弟子等さえ

ゆるして死んでいったひとよ
ひと時目を瞑《つむ》った、僕を
遠くから呼ぶように
暗闇に浮かぶ

あの瞳

パスカルの時計

まだ腕時計のない頃
パスカルはいつも左手首に
小さい時計をつけていた

一枚の額縁の中の、夜
机上のランプに頬を照らされた
パスカルの肖像は
銀の時計をそうっとこちらに見せて、云う

——私には（もう一つの時間《とき》）がある

＊

パスカルの肖像画の前に佇み
吸い込まれそうな彼の（目）と対話するひと時
僕の脳裏に甦る、いつかの場面
今は無い「Ｌｅ Ｐｏｅｔ」というＣａｆｅで
その夜隣り合わせた女の一言
——詩人は二度、旅をするのよ

死者の息

死者と語らうには、飲むことだ
向かいの空席に
もう一つのお猪口《ちょこ》を置いて

自分の頬が赤らむ頃に
あたかも体の透けた人がいるように
腹を割り、肝胆を晒《さら》すのだ

語らう内に…この世の自分という役が
物語に置かれた
ひとりの駒に――視えてくる

明日のシナリオなんぞは

思い煩うことなかれ
日々の暮らしの一コマを
余白にして
（忘れた頃にやってくる）
死者の息吹が、吹くように

葡萄酒の晩餐

御褒美の、早いひとがいる
御褒美の、遅いひとがいる

人生の開花予報はいつなのか？
そんなことは知ったこっちゃあないのです

（明日は明日の風が吹く）
と誰かさんが言ったっけ

（明日を思い煩う勿《なか》れ）
と誰かさんが言ったっけ

時を織り成す者は

人の思いを遥かに越えて
（あなたと私）の間に、吹き渡る
あの風だと知った日

僕がこの世に生を受けてから
一万五千分の一である今日の日に
（私とあなた）の縁の不思議を思いつつ
親しい友と杯を交わしたい
晩酌の夜

グラスに注いだ葡萄酒の赤い血を
僕は静かに、飲み干した

日々ノ契約

「この世の外なら何処へでも！」＊
という最後の詩句を読んだ私は
「転居先」について考えていたが
そんな場所は何処にも無かった

日常から逃れるほどに
毎夜訪れ
私をすっぽり包む「牢獄」の暗闇

眠れぬ夜は羊より
若くして「この世の外」へ逝ってしまった
幾人かの友を指折り数える

暗闇に浮かぶ？のみを残して
皆何処かへ消えてしまった

この牢獄の小窓からは
明日も光の剣が射すだろう
朝の気だるさを、貫くように

机の上に置かれた
汚れた表紙の日記帳

灰色の日々を綴《つづ》り
ノートの余白に描かれた
一つの手は
ひかりの小指を立てており
私は自らの小指を
その手と結んだ

＊
この詩の一行目は、
ボードレールの詩を
参考にして書きました。

顕現の人

きりすとが赤くきれいに咲いている
きりすとが青々と茂っている
一本の樹齢二千年の木のように
立っているきりすとは
大きな丸い世界を蒼《あお》く包む空にとけゆき
無限の宇宙《そら》へと広がりゆく

病室で産声をあげる幼子は彼の化身
飢えた渇きに死に逝く老人も彼の化身

あなたを愛する人の奥にも
あなたを傷つける人の奥にも
人智を超えた彼は潜《ひそ》んでいる

およそ二千年前に
肉体という
着ぐるみを脱いだ彼は
時間と空間の法則を越えて

　ここにも　そこにも
　どこにも　おられる

書いている私と
読んでいるあなたの間にも

彼はこの世を去る最後の時
「私は渇いている」と言った

今日一日

私とあなたが出会う隣人の奥から
その声が聞こえてくるだろうか

そっと耳をすまそう
じっと目をこらそう

何をすればよいか、わかってくる

少年の靴

道の先には置き忘れた
少年の靴が、ひとつ
夏の日に照らされ輝いていた

靴に近づき、通りすぎ、遠のいて
ふり返るとやっぱり輝いている
あの少年の靴

いつのまに大人になっていたのだろう?
いつから置き忘れていたのだろう?
あの路上の星の輝きを

頬に汗の伝うままもう一度、踏み出せば

旅の歩調は何処までもゆくだろう
胸の鼓動は…高鳴ってゆくだろう

夏の日に反射する道は未知へ繋がり
僕が僕になる為の
題名の無い今日の舞台へ

交差点のシグナルが、青になる

夏の夢

真夏の陽炎《かげろう》揺れる
アスファルトの先に
琥珀に輝く円《まる》い岩が
ひとつ置かれている

額の汗を拭って歩く
旅人の姿は段々…近づき
数歩前で立ち止まり
鏡に映るひとは、私だと知る

夏空の小さな太陽という
照明は
鏡の中の私の遠い背後に燃えており

この鈍い旅の歩調さえ
（見えない力が…押している）

木々の緑の葉影には
今日も蒸す蝉の唄

――私という存在は、もしや
　祝福されているのかもしれない

糸

頬をなでていった、風を
振り返った遠い背後の道で
独りの樹は嬉しそうに、葉をゆらし
無数のみどりの掌は
こちらに合図をしている

この足もとに伸びる人影が、口を開く
（見エナイ世界）を呟くように

――どうやら全ては互いに
引き合っているらしい
人も、花も、真昼の月も
過去や未来の筋書きも

そうして
私から、あなたから、この世へ
蜘蛛の巣状に張り巡らされる
不思議な糸

今日もそよ風に、たゆたう

夕暮れの丘

僕は、今から四十年前
勾玉《まがたま》のような白い種として
母の胎に宿りました

それがこうしていつのまにやら
大人になって独歩して
思考しては、言葉を発し
地上の日々を営んでいます

夕暮れになると、僕は丘に立ち
遠い山波の黒い輪郭に
目を細め
このいのちの源に

ひと時――思いを馳せるのです

あの日、自らの意志を越えて
世に産声をあげた
私《わたくし》という者が
どうやら歓ばしい
世界に一人の者であるという

静かな予感の芽生えを
この胸に、久しく思い出すために

雪掻き

大雪の翌日

退院間近の幼い息子を迎えに行けるように
シャベルを握り、腰を据え、無心になって
門前に降りつもる雪の塊《かたまり》を掬って、投げた

玄関から顔を出した姉さん女房は
刳《く》り貫かれた地面の広がりに
目を丸くして「父親なのねぇ」と呟いた

家に入った女房が
夕餉《ゆうげ》の支度を始める頃

雪道にしゃがんだ、僕は
スコップを手に
見知らぬ人が歩けるように
ひとすじの細い道を
何処までも掘り進む

しゃくり、しゃくり、と
無心で雪を除けながら
見知らぬ日々の通行人を思いつつ
詩をつくることと、雪掻きは
何処か似ている予感を胸に

スコップを手にした、僕は
いつのまにか陽の暮れていた
雪明りの世界を
しゃくり、しゃくり、と掘り進む

四つ葉のクローバー

誰もが四つ葉のクローバーを探している

三つ葉のクローバーとは呼ばないが
四つ葉のクローバーという名は、しっくりする

三つ葉のクローバーは（ふつう）だが
四つ葉のクローバーは奇形だという

自分の姿を見出せず
（ふつう）という薄っすらとした闇に塗《まみ》れて
足掻いている人々がいる

ほんとうは誰もが探している

ふいに足元から風に囁く
奇形という名のクローバーが
輝きを増す、あの瞬間を

あとがき

人は皆、それぞれの役割があり、人生という舞台を生きている。真《まこと》の自分を演じながら日々を歩み続けるならば、ひとすじの道となってゆく。この世に産声をあげた日から、この生涯における宝探しは始まり、我が道を探し求める者はやがて、自らの存在理由（レゾンデートル）を見出すであろう。

「ダウン症をもつ息子の中に宿る宝は何であるか？」を探すのは、親である私と妻の役割である。そして、息子に限らずダウン症をもつ人のレゾンデートルを思う時、大切なことは、社会の人々が能率や経済を優先する中で置き忘れる〝大事な何か〟を、かれらは直感で知っている、ということである。

息子は五歳になってからようやく、ひょこひょこと歩き始めたが、ゆっくり成長ゆえに、その変化には感慨深いものがある。息子にとっては歩くこと自体が、階段を上る感触自体が、生きる歓びそのものであり、父親の私は、それを久しく忘れていたことに気づくのだ。生きていること自体が、本来素晴らしいことだ――と。

この詩集の前半は、息子が生まれ、ダウン症の告知を受けてから現在に至る日々を描いたものなので、後半は〈死者と共に生きる〉ということがテーマになっている。「人は生まれた時からすでに、死へ向かって歩み始める存在である」という言葉を聞いたことがあるが、生とは死を内包したものなのであろう。この世は〈目に見えるもの〉と〈目に見えないもの〉で織り成される場所であり、その視力を養いながら生きる時、日々の風景は密かに、違う次元に見えてくる。

詩人の仕事とは、そんな日常に潜む〝詩〟を見出し、「言葉の料理人」として世に届けることだと思う。もし、この詩集を手に取る読者がいくつもの詩の風景を歩き、本の中から語りかける著者の〝音の無い声〟を聴き、それが読者の心に響くなら、この上なく幸いなことである。

昨年五月十六日、文治堂書店の創始者・渡辺文治氏が天寿を全うして旅立たれた。その年に、私にとって大事な著作になるであろうこの詩集の出版が決まった。このような機縁を思うと、言葉にならない思いが湧いてくる。そして、文治堂書店の志を受け継いだ勝畑耕一氏と曽我貢誠氏からこの詩集に助言をいただき、共につくってくださったことに、深い感謝の念を禁じ得ない。そして表紙を製作してくれた船木一美氏にも感謝したい。

さらに昨年は、我が家にとって節目となる年でもあった。同居していた義父は七月十二日に、八十一年の生涯を閉じた。義父はＩＢＭのプロジェクトリーダーとして、グーデンベルグ以来のコンピューターによる印刷革命を成し遂げた人であり、仕事を通じてロマンを追い求めた人であった。何よりも、ダウン症をもつ孫の周を、こよなく愛してくれたことをここに記し、この詩集を義父の御魂《みたま》に捧げたい。

今日も夕刻には、妻が保育園にいる周を迎えにいく。ママの姿に気づいた周はひょこひょこ歩きながら満面の笑みで、小さな両手を広げるだろう。
そしてこれからも、日々の物語は続いてゆく。

平成三十年三月

服部　剛

服部　剛様

数年前に、発育がままならない子どもを持ったお母さんたちに会う機会がありました。お母さんたちの思いがけず元気で明るい姿を見て、私は生きることの深い秘密に触れたような気がしました。皆が皆「りゅういん」が下がっているわけではないと思います。でもほとんどの人が日々の暮らしの中で気づいていない次元で、そのお母さんたちは根源的な生きる力を掴んだのだと感じました。

服部さん、詩を書くことを知っていて本当によかったね。ふだん私たちは日常生活の目で物事を見ていますが、その目が詩の眼に転ずることがあります。そのとき言葉は、「生活」の文脈から「生」の文脈の中へと知らない間に転換しているのではないでしょうか。人間の生活は大切ですが、それはいのちが生きることの一部分でしかないと私は考えています。

こんなママとパパで周くんよかったね。「天の息吹」を吹きこまれて生まれた周くんに出会えて、パパとママよかったね。パパの詩に守られて、三人とも元気で生きていってください。

谷川俊太郎

谷川俊太郎先生

今日は。谷川先生の手紙の文字にふれた妻は、息子が産声をあげたあの日以来、初めて温かな涙を流しました。谷川先生、生きる力をありがとうございます。そして、世の人々が詩の世界の入口へ歩いてゆくことを、僕は願ってやみません。息子は今、寝息をたてながら小さな手を開いています。二十億光年の夢を見ているのかもしれません。

たにかわしゅんたろうさんの
手紙は、風のようだ
みぎからひだりへただよいながら
心に　しゅっ　と火をともす

服部　剛

＜プロフィール＞

服部　剛（はっとり　ごう）

1974年10月31日生まれ
　98年より　詩作・朗読活動を始める。
2006年　詩集『風の配達する手紙』（詩学社）を上梓。
　09年　詩集『Familia』（詩遊会出版）を上梓。
　12年　詩集『あたらしい太陽』（詩友舎）を上梓。
　07年～11年まで、東京・高田馬場のBen's Cafeにて
　　　　『笑いと涙のぽえとりー劇場』を主宰。
　16年　白百合女子大学にて、ダウン症をもつ息子についての
　　　　講演・朗読を行う。
　　　　この年、長年勤めた介護職を辞し、
　　　　詩人・文人・表現者（朗読・司会など）の道に専念する。
　20年　写真詩集　『天の指揮者』（ドン・ボスコ社）を上梓。
　21年より　YouTubeで詩の番組『ぽえとりーサロン』を始める。

日本ペンクラブ会員、日本文藝家協会会員
日本現代詩人会会員、四季派学会会員、横浜詩人会理事
詩誌『カナリア』主宰　詩誌『トンボ』『反射熱』同人

○ニッポン放送『心のともしび』にて、月に1回、
　エッセイを放送中（HP等にも掲載）。
○月刊『カトリック生活』（ドン・ボスコ社）「祈りの風景」にて、
　詩を連載中。
○ Facebook等で、日々の思いを綴る。

〈メールアドレス〉　gouhattori@yahoo.co.jp

詩集　我が家に天使がやってきた

2018年4月25日　初版
2019年11月6日　二版
2023年1月17日　三版

著　者　服部　剛
編　集　曽我　貢誠
発行者　勝畑　耕一

発行所　文治堂書店
〒167-0021　東京都杉並区井草2-24-15
E-mail:bunchi@pop06.odn.ne.jp
URL:http//www.bunch.net/
郵便振替　00180-6-116656
印刷・製本　有限会社　ワードウェブ
〒142-0062　東京都品川区小山4-5-5
TEL 03-3787-2311
ISBN　978-4-938364-342